L'ÉCONOMIE RURALE DE L'ANJOU

DANS LA

PREMIÈRE MOITIÉ DU XIXe SIÈCLE

PAR

Henri SÉE

Professeur honoraire à l'Université de Rennes

PARIS

LIBRAIRIE DES SCIENCES ÉCONOMIQUES ET SOCIALES

MARCEL RIVIÈRE

31, rue Jacob, et 1, rue Saint-Benoît

L'ÉCONOMIE RURALE DE L'ANJOU
DANS LA PREMIÈRE MOITIÉ
DU XIX' SIÈCLE

par Henri Sée
Professeur honoraire à l'Université de Rennes

I. — L'Economie rurale avant la Révolution

Sur l'état économique des campagnes angevines avant la Révolution, nous ne possédons pas des données très précises ; aucun travail d'ensemble n'a été consacré à cette question.

Cependant, d'un certain nombre d'indications (1), nous pouvons inférer que l'agriculture était assez peu prospère à la veille de 1789. L'Anjou, qui forme la bordure orientale du massif armoricain, ressemble, au moins dans sa partie occidentale, par certains traits, à la Bretagne. Dans les Mauges et dans le pays de Segré, c'est un pays bocager, caractérisé par les *clôtures*, les haies et les fossés qui bornent les champs (2), à l'exception cependant des vallées et surtout du Val de Loire ou de l'Anjou, où les clôtures n'existent pas. C'est aussi, et plus même que la Bretagne, notamment dans la région de Segré, un pays de grande propriété, noble ou ecclésiastique, à l'exception aussi du Val de Loire, où existent beaucoup de petites propriétés paysannes, notamment dans les vignobles.

Sans doute, en Anjou, on peut distinguer plusieurs régions, et notamment le Haut-Anjou, appelé *les Mauges*, au sud de la Loire (la future Vendée angevine), et, au nord, le Bas-Anjou. Le contraste est encore plus frappant entre la région bocagère de l'ouest

---

(1) Voy. notamment, l'excellente publication d'A. Le Moy, *Cahiers de doléances de la sénéchaussée d'Angers*, 2 vol., 1915-1916 (Coll. des Doc. économiques de la Révolution), et principalement Introd., t. I, pp. ix et sqq.; — Célestin Port, *La Vendée Angevine*, 1888, t. I, pp. 3 et sqq., et *Dictionnaire historique, géographique et biographique de Maine-et-Loire*, Angers, 1878, 3 vol. in-8°.

(2) Sur la nature des pays bocagers, voy. l'excellente description de R. Musset, « The geographical charateristics of western France » (*The geographical review*, janvier 1922).

et la région orientale, le pays de Saumur, très analogue à la Touraine.

D'après le tableau de l'intendant Lescaloppier (1762-1766), les Mauges sont un pays fertile, qui produit en abondance du blé, du bétail, des vins, beaucoup plus prospère que le Bas-Anjou. C'est, en effet, un pays de pâturage, qui plus tard se développera en ce sens. Mais, même dans les Mauges, on trouve encore beaucoup de landes, et l'on n'a pas renoncé au système de la jachère. La preuve, d'ailleurs, que l'agriculture ne suffit pas à en nourrir les habitants, c'est l'existence d'une industrie rurale importante, dont Cholet est le centre. Puis les Mauges sont encore plus dépourvues de voies de communication que le Bas-Anjou, où, dans les dernières années de l'Ancien régime, un effort assez sérieux a été tenté en ce sens. A lire les *Souvenirs d'un Nonagénaire*, si vivants et si précis, on a bien aussi l'impression d'une agriculture arriérée (3).

Comme en Bretagne, la vaine pâture n'existe que dans quelques vallées, et les paysans n'ont nulle part de biens communaux. Il n'y a que des *communes* ou *landes*, que les seigneurs, comme en Bretagne, s'efforcent de transformer en propriété personnelle, ce qui cause un grand préjudice à la masse de la population paysanne (4) ; les cahiers de 1789 s'en plaignent vivement.

Un trait caractéristique de l'économie rurale de l'Anjou, sous l'ancien régime, et qui tend également à prouver l'état arriéré de son agriculture, c'est la prédominance du métayage, surtout dans le Craonnais, qui avoisine le Bas-Maine, où cette forme de location des terres est aussi la plus répandue (5).

Les impôts royaux pesaient lourdement sur les paysans, et, en particulier, la gabelle, que presque tous les cahiers considèrent comme un véritable fléau.

II. — LA PÉRIODE DE LA RÉVOLUTION ET DE L'EMPIRE

Pour l'Anjou, malheureusement, aucune étude n'a été consacrée à l'abolition du régime seigneurial ni à la vente des biens nationaux. Il semble bien cependant que, dans cette contrée comme ailleurs, la condition sociale des paysans ait été fortement améliorée par la Révolution.

---

(3) *Souvenirs d'un Nonagénaire, François-Yves Besnard*, publiés par Célestin Port, 1880, 2 vol. in-8° ; — Cf. A. GELLUSSEAU, *Histoire de Cholet et de son industrie*, Angers et Paris, 1862.

(4) Voy. L. HERPIN, *La propriété des communaux de Parilly à la fin de l'ancien régime*, Paris, 1911 (thèse de droit); — PH. SAGNAC et PIERRE CARON, *Les comités des droits féodaux et de législation et l'abolition du régime seigneurial*. (Coll. des Doc. économiques de la Révolution), p. 142.

(5) Voy. ISIDORE PASQUIER, *Du métayage étudié dans son histoire et ses éléments juridiques d'après sa pratique dans le Craonnais*, Paris, 1890 (thèse de droit); — HENRI ODE, *Le colonat partiaire en Anjou*, 1910 (thèse de droit). — Sur ce qui précède, voy. aussi A. LE MOY, *L'Anjou*, Paris, 1925.

Voici, en tout cas, un indice significatif, qui nous est fourni par les *Souvenirs d'un Nonagénaire*. Fr.-Yves Besnard, en 1804, est frappé des changements qui se sont produits à Fontevrault (6) :

> Aux abords de la ville, plusieurs chaumières avaient pris la place des souterrains, des caves qui servaient précédemment d'habitation à plus de la moitié des habitants ; de nombreuses parcelles de terrain avaient été défrichées et offraient une agréable variété de cultures ; des femmes, des enfants allaient de tous côtés ramasser le fumier destiné à améliorer des terres que leur stérilité naturelle avait condamnées à l'improduction, alors qu'elles appartenaient à l'abbaye, et qui, après avoir été vendues d'abord en masse, avaient été acquises en petits lots par de simples journaliers prolétaires; et ceux-ci, dont la lâcheté, la fainéantise étaient passées en proverbe, se montraient depuis lors actifs et laborieux.

Plus de haillons, ajoute Besnard, mais de bons vêtements ; plus de processions de mendiants aux portes de l'abbaye, qui se montrait très généreuse, mais dont la charité entretenait la misère.

A la suppression de l'abbaye, ce fut presque du désespoir. Mais, grâce à la vente de ses biens, les paysans sont devenus de bons travailleurs ; au lieu de vingt vaches et d'une cinquantaine d'ânes, ils possèdent plus de cent vaches et plus de deux cents ânes. « Presque tous ces ci-devant prolétaires possédaient quelques parcelles de terrain, outre une chaumière ou cave; quelques-uns récoltaient déjà leur provision de grains et pouvaient vendre de quinze à vingt pièces de vin. »

A cette époque, il semble que l'agriculture ait fait plus de progrès sur les petites propriétés paysannes que dans les fermes étendues ; sur les premières, à Raslay, nous dit Besnard, le rendement était de 12 pour 1, et ailleurs, souvent de 3 pour 1. D'anciens journaliers ont acquis des parcelles, se sont procuré chacun une vache à cheptel, puis en sont devenus propriétaires ; la quantité du bétail a sextuplé. Le maire assurait que « les habitants — parmi lesquels il n'existait qu'un seul individu réduit à la mendicité — se trouvaient dans une sorte d'aisance, par comparaison avec l'état misérable dans lequel il les voyait dans sa jeunesse » (7).

Besnard remarque qu'un peu partout le morcellement des terres, produit par la vente des biens nationaux, avait permis à tout prolétaire d'en acquérir quelques parcelles ; celles-ci produisaient deux ou trois fois plus qu'auparavant et acquéraient « une valeur vénale quadruple ». Une ferme de 600 francs a été vendue, en détail, 45.000 francs, une autre, 54.000. Besnard a vu de ces pro-

---

(6) *Souvenirs*, t. II, pp. 239 et sqq.
(7) *Id.*, t. II, pp. 279-280.

létaires qui, ayant commencé par acquérir un demi-hectare, sont devenus propriétaires de 10 ou 15 hectares (8).

Ainsi, les progrès de la productivité agricole semblent surtout le fait des petites exploitations. Jusqu'en 1815, il n'y a eu aucune transformation profonde des procédés de culture. Toutefois on note, en 1814, que, dans l'arrondissement de Baugé, il s'est manifesté, depuis quelques années, un sérieux progrès des prairies artificielles : on y cultive la luzerne et surtout le trèfle, qui couvrent 500 hectares. Dans l'arrondissement de Segré, les prairies artificielles, inconnues il y a trente ans, s'étendent sur 850 arpents (50 de trèfle et 50 de luzerne). Le sainfoin n'est que très peu cultivé.

Le froment est en progrès dans les deux arrondissements, bien que la superficie cultivée en seigle l'emporte encore, mais la culture de la pomme de terre a fait de grands progrès ; elle s'étend sur 4.000 hectares dans l'arrondissement de Baugé (9).

D'autre part, l'assolement triennal, avec une année de jachère, subsiste toujours, surtout dans la région de Segré. Les prés ont encore une grande importance, ainsi que les landes et terres vagues, qui comprennent 2.500 arpents dans l'arrondissement de Segré. Dans l'arrondissement de Baugé, on remarque qu'elles jouent toujours un rôle utile dans l'économie rurale : « C'est là que le malheureux trouve le moyen d'élever des vaches pour la nourriture de sa famille. »

Le métayage a encore une grande extension, surtout dans l'arrondissement de Segré, où il est usité sur les deux tiers des fermes. Le propriétaire fournit les semences et les engrais ; on paie les impôts en commun ; les produits se partagent par moitié ; le colon doit, en outre, au propriétaire, six journées de bœufs.

Fait significatif : les prix ne se sont pas élevés très fortement depuis 1789. Dans l'arrondissement de Baugé, le boisseau de blé (20 litres), en 1789, valait 35 à 40 sous ; en 1814, 40 sous. Les salaires des domestiques se sont élevés de 80 ou 90 livres à 130 ou 160 ; les journées d'été, de 20 à 25 sous, et celles d'hiver, de 12 ou 14 sous à 15 ou 16 (10).

---

(8) *Souvenirs*, t. II, pp. 281-282.

(9) Dans l'arrondissement de Baugé, 8500 hectares sont cultivés en froment, 4000 en méteil, 11.000 en seigle, 2500 en orge, 100 en orge, 350 en sarrasin. Dans l'arrondissement de Segré, le seigle couvre 10.000 arpents et le froment 5000.

(10) Sur tout ce qui précède, voy. la *Statistique agricole de 1814* (Publ. du Comité des Travaux historiques, 1914), pp. 332 et sqq., et 348 et sqq.

III. — LA PÉRIODE DE 1815 A 1850. — LE RÉGIME DE LA PROPRIÉTÉ

Examinons maintenant l'évolution du régime agraire dans la période de 1815 à 1850. Nous aurons à notre service un guide excellent : *L'agriculture dans l'ouest de la France, étudiée plus spécialement dans le département de Maine-et-Loire*, par O. Leclerc-Thouin (1798-1844), professeur d'agriculture au Conservatoire des Arts-et-Métiers (11). Cet ouvrage remarquable, d'une extrême précision, œuvre d'un véritable savant, avait été écrit pour répondre au désir du ministre de l'Agriculture, qui avait ordonné une vaste enquête sur l'économie rurale de la France. Cette enquête, confiée aux inspecteurs généraux de l'agriculture, donna lieu à sept volumes, publiés par le ministère, tous fort intéressants (12). Le travail de Leclerc-Thouin, qui avait suivi « à peu près à la lettre le plan adopté dans les bureaux » du ministre, leur fut adressé en avril 1841, mais il ne fut pas publié par les soins du ministère, peut-être à cause de ses dimensions qui, comme l'écrit l'auteur, dépassaient celles qu'il « se proposait de lui donner » (13).

Sur le régime de la propriété, nous n'avons pu recueillir aucune indication très précise. Il ne semble pas avoir beaucoup changé depuis 1815 (14). Mais nul doute que la grande propriété n'ait eu une grande extension en Anjou, et surtout dans le pays de Segré, comme elle en a encore aujourd'hui (15). Les propriétés de 300, 400, 500 hectares ne sont pas rares dans le nord-ouest de l'Anjou, pas plus que dans le sud du Bas-Maine : propriétés d'anciennes familles nobles et, plus souvent encore, de bourgeois enrichis par le commerce de la toile et qui, dès le xviiiᵉ siècle, tendent souvent à se confondre avec la noblesse (16). Cependant, la moyenne propriété existe aussi, de même que la petite ; celle-ci prédomine dans les riches vallées, et notamment dans le Val de Loire, où le morcellement des terres est « extrême », comme dit Leclerc-

---

(11) Paris, Bouchard-Huzard, 1843, 1 vol. in-8º de 484 pages. Un exemplaire de cet ouvrage, fort rare, nous a été prêté avec une grande obligeance par M. le docteur Olivier Couffon, d'Angers, auquel nous adressons nos plus vifs remerciements.

(12) Notamment les volumes concernant les départements du Nord, de la Haute-Garonne, des Côtes-du-Nord.

(13) Voy. la Lettre au Ministre, du 15 avril 1841 (Introduction, pp. xi-xvi). — Dans l'Introduction, Leclerc-Thouin déclare que l'enquête sur le *Nord* a été l'œuvre de M. Rendu, inspecteur de l'Agriculture, et celle sur les *Pyrénées-Orientales*, l'œuvre de Moll, professeur au Conservatoire.

(14) M. de Beauregard déclare que le nombre des cotes n'a guère varié depuis 1815 (Registre de la Chambre d'agriculture d'Angers, 27 juillet 1852). Ce registre est conservé aux Archives de Maine-et-Loire, série M.

(15) Voy. A. SIEGFRIED, *Tableau politique de la France de l'Ouest sous la Troisième République*, pp. 200-201.

(16) Voy. R. MUSSET, *op. cit.*, pp. 351 et sqq. ; — RICHARD, *La vie privée dans une ville de l'Ouest : Laval au XVIIIᵉ siècle*. 1922.

Thouin (17). Celui-ci déclare encore que « la division des terres est un bien pour tous », que la petite culture (qui coïncide avec la petite propriété) est plus productive que la grande, car elle cherche à améliorer les terres, les soigne davantage. C'est seulement, ajoute-t-il, lorsque le cultivateur « est riche en matériel et en capitaux » que la grande propriété, « si son produit brut est moindre, donne un plus grand produit net » (18).

Un trait caractéristique et permanent de l'économie rurale en Anjou et surtout dans l'ouest (Mauges et arrondissement de Segré), c'est toujours la clôture des terres, entourées de fossés et surtout de haies plantées d'arbres. Les fossés ne se trouvent que dans l'est du département, près de Doué et de Saumur. Ailleurs, les clôtures ont le même caractère qu'en Bretagne et dans le Maine ; elles caractérisent, en effet, l'économie bocagère. Leclerc-Thouin considère ce mode de clôture comme désavantageux pour la culture des céréales, mais bienfaisant pour l'élevage. D'ailleurs, les arbres qui poussent sur les haies sont fructueux, surtout quand il s'agit de pommiers, de noyers, de châtaigniers (19).

On comprend alors qu'en Anjou, même sous l'Ancien régime, la vaine pâture ait été peu pratiquée. Elle n'y était pas interdite cependant et on ne pouvait s'y soustraire dans les vallées, où la propriété était très morcelée et où les vignerons ne possédaient ni champs ni prés (20). Dans la première moitié du xixe siècle, elle a disparu en certaines localités et elle a diminué en beaucoup d'autres. Bien des clôtures, en effet, ont été établies, sans qu'il n'y ait eu « d'autre opposition que quelques haies arrachées et quelques fossés comblés ». Quant à la vaine pâture des bois, « elle n'existe plus que dans un petit nombre d'endroits » (21).

Les *communes* ont beaucoup diminué depuis 1825. A A Segré, on a vendu, depuis 1830, 200 hectares de terres communes et on se prépare, en 1840, à vendre les trois cents ou quatre cents qui restent. L'agriculture y a gagné ; de petites propriétés ont été créées sur les landes défrichées, ce qui a profité surtout à des journaliers, de sorte que « les terres communales profitent bien plus à la classe aisée qu'à celle qui s'opposait

---

(17) Leclerc-Thouin, *op. cit.*, pp. 70 et sqq. Cf. Registre de la Chambre d'agriculture d'Angers, 27 juillet 1852.
(18) Id., *loc. cit.*
(19) Id., *op. cit.*, pp. 77 et sqq. — Aucune étude n'a été consacrée au mode de groupement des populations en Anjou. Mais il semble bien que, dans la région bocagère de l'ouest, prédomine le régime de l'habitation dispersée, tandis qu'à l'est, dans le pays de Saumur notamment, la population soit beaucoup plus agglomérée. (Voy. A. Le Moy, *L'Anjou*.)
(20) Voy. H Sée, « Enquête sur la vaine pâture et le droit de parcours à la fin du règne de Louis XV » (*Revue du XVIIIe siècle*, an. 1913, pp. 272-273).
(21) Leclerc-Thouin, *op. cit.*, pp. 42-43.

naguère avec tant d'acharnement à leur mise en valeur ». Leclerc-Thouin reconnaît, il est vrai, que les aliénations ont nui à quelques petits colons, possédant une vache et quelques oies, et qui les menaient paître dans ces terres incultes (22).

IV. — L'EXPLOITATION ET LE MODE DE LOCATION DES TERRES

Même sur les grandes propriétés, comme les propriétaires n'exploitent que rarement leurs terres eux-mêmes, les exploitations agricoles sont toujours de dimensions restreintes : phénomène que l'on constate aussi dans le Bas-Maine et en Bretagne (23). La superficie des métairies et fermes ne dépasse guère 40 journaux (20 hectares) ; celles de 40 hectares sont rares. Cependant, Leclerc-Thouin signale, aux approches de la Vendée, quelques métairies de plus de 50 hectares (24).

Sur les modes de location, notre auteur nous donne des renseignements très précis. Dans l'arrondissement d'Angers, c'est à peine si quelques grands propriétaires font valoir eux-mêmes leurs terres ; au nord, on trouve des « colons partiaires », c'est-à-dire des métayers. Dans l'arrondissement de Segré, la moitié des fermes sont à mi-fruits, mais, près de la ville, le tiers des propriétaires font valoir eux-mêmes leurs terres (25). Dans l'arrondissement de Baugé, le métayage, qui s'étendait autrefois sur la moitié des fermes, est à peu près abandonné ; les quatre cinquièmes d'entre elles sont affermées à prix d'argent. Même constatation pour l'arrondissement de Saumur. Ainsi, excepté dans le voisinage de la Mayenne, le métayage a cédé la place au fermage. Leclerc-Thouin y voit, avec raison, une preuve « des progrès de la culture et de la fortune publique ». Il reconnaît d'ailleurs que le métayage a l'avantage d'associer le propriétaire aux avances et provoque des améliorations agricoles. En fait, dans le pays de Segré, comme dans le Bas-Maine, le métayage a beaucoup contribué aux progrès de la culture (26). Le métayer fournit le matériel d'exploitation et la moitié des animaux, des engrais, des semences. Les produits se partagent par moitié. En outre, le colon doit des redevances en nature, une douzaine d'œufs et un gâteau de froment à Noël ou à Pâques, parfois du beurre, des poulets,

---

(22) LECLERC-THOUIN, *op. cit.*, pp. 40-41. Le Conseil général se prononce contre la vente des communaux, qui ne profiterait qu'aux riches ; il lui préfère *l'amodiation*, à condition qu'on les loue de préférence à des habitants de la commune et surtout aux pauvres (*Procès-verbaux*, an. 1848, pp. 153 et sqq.).

(23) Voy. à ce sujet, R. MUSSET, *Le Bas-Maine*. 1917 ; — H. SÉE, *Les classes rurales en Bretagne du XVIe siècle à la Révolution*, 1906 ; — A. SIEGFRIED, *op. cit.*

(24) LECLERC-THOUIN, *op. cit.*, pp. 70 et sqq.

(25) Voy. R. MUSSET, pp. 378 et sqq.

(26) LECLERC-THOUIN, *op. cit.*, pp. 47 et sqq. — Cf. ISIDORE PASQUIER et HENRI ODE, *op. cit.*

des journées de travail. Aux abords de la Bretagne, la part du colon est de plus de moitié (27).

Quant aux fermes à prix d'argent, les baux obligent parfois le fermier à donner, outre la rente ou argent, des denrées (grains, beurre, poulets, etc. Celui-ci doit payer les impôts, est chargé des réparations et de la taille des arbres. Autrefois, les baux contenaient la clause de l'assolement triennal (labours, jachères, pâture), qui est maintenant à peu près abandonnée (28).

Leclerc-Thouin évalue le capital nécessaire pour l'exploitation d'une ferme (29). Le mobilier d'exploitation se monte à 1.600 francs environ. Il comprend : les instruments de labour (283 francs (30) ; les instruments de transport et harnais (1033 francs), les instruments de récolte (202 francs), les ustensiles divers (115 francs). Le capital des animaux s'élève à 2.645 francs ; on doit avoir huit bœufs, quatre vaches, deux génisses, deux taureaux, trois veaux, quatre cochons, six à dix moutons, un cheval. Or, un cheval coûte 200 francs ; un bœuf, de 300 à 450 francs ; une vache, de 100 à 130 francs ; un cochon, 40 francs, un mouton, de 10 à 12 francs (31). Pour une ferme de 30 hectares, il faut avoir un premier garçon (200 francs), un second (150 francs), une première servante (90 francs), une seconde servante (60 francs), un homme gagé pour l'été, 120 francs ; puis la nourriture de ce personnel, 600 francs ; au total, 1.320 francs (32). Le capital de semences est évalué à 556 francs ; celui des engrais, à 300 francs. Ainsi, pour une ferme de 30 hectares, le fermier aurait besoin d'un capital de 8.000 francs, somme indispensable, mais, ajoute Leclerc-Thouin, « il est rare de rencontrer ce capital chez un fermier ».

Les fermiers, en effet, pour la plupart, n'ont que peu d'avances, ce qui est une entrave pour toutes les opérations agricoles. Une mauvaise saison peut les ruiner, ou du moins les obérer pour

---

(27) Voy. R. MUSSET, pp. 378 et sqq. ; — H. ODE, *op. cit.* Le comte de Falloux *(Etudes et Souvenirs)* déclare que les revenus de ses métayages sont très supérieurs aux revenus de ses fermages.

(28) LECLERC-THOUIN, *op. cit.*, pp. 54 et sqq.

(29) *Ibid.*, pp. 87 et sqq.

(30) Il n'est pas très coûteux, car le prix des charrues varie de 9 à 45 francs.

(31) En 1770, d'après Besnard, une vache coûte de 30 à 50 francs ; un veau de quinze jours, 5 à 6 francs; le couple de bœufs, 220 à 250 francs ; un chapon, 30 sous ; une poule, 1 livre 4 sous ; un poulet, de 10 à 15 sous ; le boisseau de blé de 30 livres, 3 livres ; le fût de vin (450 litres), de 20 à 24 livres. *(Souvenirs d'un Nonagénaire*, t. I, p. 82.)

(32) Il est intéressant de comparer ces salaires à ceux de 1770, indiqués par Besnard *(Souvenirs d'un Nonagénaire*, t. I, pp. 80-82) : un garçon laboureur est payé 84 à 90 francs ; un charretier, de 54 à 66 ; un touche-bœufs, de 30 à 36 ; un garçon d'écurie, de 60 à 66 ; une servante de ferme, de 24 à 33 ; un journalier, en été 7 à 8 sous par jour ; une femme, de 5 à 6 sous. La nourriture se compose de soupe, à midi et le soir ; au déjeuner et à la collation, on donne surtout du beurre ou du fromage et des fruits ; comme boisson, de la piquette, et, au moment des grands travaux, quelques verres de vin. (Voy. aussi *ibid.*, t. II, p. 244.)

longtemps. Des pertes d'animaux, le paiement des impositions, les salaires qu'ils ont à payer les gênent souvent. « Beaucoup, déclare Leclerc-Thouin, hypothèquent sur les chances de l'avenir leurs dettes et les rentes dues au propriétaire. » Les métayers ont encore moins de capitaux ; « beaucoup s'estiment heureux de vivre, sans autre bénéfice de leur travail et de leurs faibles avances ».

Fermiers et métayers ont donc recours à l'emprunt, souvent onéreux, bien qu' « un fermier bien famé » trouve à emprunter à 5 %. Encore en 1852, la même question du crédit agricole se pose. La Chambre consultative d'agriculture d'Angers nous dit que, par l'intermédiaire des notaires, les cultivateurs peuvent trouver des hypothèques à 5 %, mais les frais d'emprunt et de renouvellement, chaque année ou tous les trois ans, portent l'intérêt à 8 ou 9 % (33). Leclerc-Thouin peut donc constater que la condition économique des petits cultivateurs, c'est-à-dire des petits propriétaires, s'est plus améliorée que celle des fermiers « qui exploitent plus en grand ».

Toutefois, d'une façon générale, l'argent est devenu moins rare dans les campagnes, par suite de l'exportation des froments et du bétail, ainsi que de la hausse des prix. On achète aussi plus de terre, ce qui a pour conséquence la hausse de la valeur marchande et de la valeur locative du sol ; certains baux de ferme sont devenus excessifs (34). On emploie assez peu de journaliers, excepté dans les vignobles. Et souvent, on a déjà quelque peine à trouver de la main-d'œuvre dans le pays : on est obligé d'en faire venir de Bretagne. La question de l'exode rural se pose déjà à cette époque. Elle se posera plus fortement encore après 1850. La Chambre d'agriculture d'Angers, sous le second Empire, s'en préoccupe vivement. L'un de ses membres, M. de Beauregard, en novembre 1855, l'attribue à la faiblesse des salaires (34 *bis*) :

La valeur de l'argent a diminué ; les cultivateurs gagnent davantage, les propriétaires ont augmenté leurs prix de fermage. Le salaire

---

(33) *Registre des délibérations de la Chambre d'agriculture*, 27 juillet 1852 (Arch. de Maine-et-Loire). La Chambre consultative avait d'abord été créée par département; puis, à sa place, on créa une Chambre par arrondissement (décret du 25 mars 1852), afin d'éviter aux membres trop de déplacements. Les membres sont désignés par le gouvernement (à Angers, il y en a neuf); le préfet est le président-né, mais la Chambre élit un vice-président: ce fut Guillory aîné, élu par 3 voix contre 2 à M. de Beauregard et une à MM. Leray, de Las-Cases, Boutton-Levesque; Louis Tourneur est secrétaire. A la première séance (le 26 juillet 1852), le préfet soumet à la Chambre les questions posées par l'administration dans la circulaire du 20 juin 1852. — Les registres de délibérations des Chambres consultatives constitueraient, là où ils ont été conservés, des documents intéressants pour l'histoire de l'agriculture sous le second Empire.
(34) *Registre des délibérations.*
(34 *bis*) Sur tout ce qui précède, voy. LECLERC-THOUIN, *op. cit.*, pp. 82 et sqq.

seul est resté au même point. Et les conditions de la vie sont plus péni-
bles qu'en ville, l'existence moins agréable (35).

En fait, les salaires, sous la monarchie de Juillet, sont encore
faibles : en été, dans l'arrondisement de Segré, ils sont de 60 centimes par jour avec nourriture et de 1 franc sans nourriture ; en
hiver, ils tombent à 50 centimes et les femmes ne sont payées que
30 ou 40 centimes. Pour les travaux de la fenaison et des moissons, les salaires s'élèvent à 75 centimes ou à 1 fr. 25, sans la
nourriture. Dans les arrondissements de Saumur et d'Angers, les
journées d'hiver, sans nourriture, sont payées 1 franc ou 1 fr. 25,
et les journées d'été, 1 fr. 25 (36).

Cependant, on ne constate guère de misère en Anjou, surtout
dans les riches vallées, où « la mendicité serait inconnue sans
les vagabonds étrangers ». Dans le reste du pays, les mendiants
sont un peu plus nombreux (37).

Les progrès de l'économie rurale se manifestent encore par le
défrichement des landes, la diminution des jachères et aussi l'aug-
mentation de la population qui, de 377.000 en 1801, s'est élevée à
488.000 en 1841 (38).

Quant à l'industrie rurale, notamment à la fabrication de la
toile, elle existe encore dans la région de Cholet et dans l'arrondissement de Segré, mais c'est dans les villages et les bourgs
plutôt que dans les fermes que se trouvent les fileurs et les
tisserands (39).

V. — LES PRATIQUES AGRICOLES

Elles se sont certainement améliorées depuis le XVIII⁰ siècle,
mais elles ne se sont pas encore profondément transformées.

Pour le fumier de ferme, on use toujours des anciens procédés.
Presque jamais on ne prépare, on ne choisit un emplacement
convenable pour établir la meule de fumier ; on ne cherche ni à
activer, ni à retarder la fermentation : « le purin se perd dans
les chemins ou les cours, s'écoule souvent dans la mare qui sert
d'abreuvoir ». En 1855 encore, rien n'est changé, car la Chambre
d'agriculture d'Angers sollicite du préfet un arrêté qui ordonne

(35) Sous le second Empire, on se plaint des bénéfices exagérés des bou-
langers, surtout dans les campagnes, où la concurrence n'existe pas ; on y
vend parfois le pain plus cher qu'à Angers (*Registre de la Chambre d'agriculture*, 30 novembre 1867, 9 juillet 1868). On se plaint de la suppression
de la taxe du pain et de la viande, qui a eu lieu en 1863 (*Ibid.*, juin 1863).
(36) LECLERC-THOUIN, *op. cit.*, pp. 108 et sqq.
(37) *Ibid.*, pp. 86-87.
(38) *Ibid.*, pp. 26-32.
(39) *Ibid.*, pp. 36 et sqq. — Cf. GELLUSSEAU, *op. cit.* En 1814, dans l'arrondissement de Segré, les fileurs gagnaient annuellement 212.000 francs, et les
tisserands 110.000 francs, la toile valant 3 francs l'aune. (*Statistique agricole de 1814*, pp. 355-356.)

de construire des fosses étanches et « interdise le déversement du purin dans les ruisseaux ». Dans les cantons voisins de la Bretagne, on emploie fréquemment le genêt et les cendres résultant de l'écobuage. Assez récemment, depuis 1822, on a commencé à user de la poudrette et du noir animal. En 1852, on demande que l'on établisse à Angers un dépôt départemental d'engrais, analogue à celui de Nantes (40).

En ce qui concerne les amendements, on constate un progrès plus sérieux. A l'ouest et au sud-ouest surtout, on se sert plus fréquemment du *compost*, c'est-à-dire du mélange de terre, de chaux et de fumier. Mais la grande amélioration, c'est l'emploi que l'on fait de plus en plus de la chaux, surtout au sud-ouest. « C'est la chaux, déclare Leclerc-Thouin, qui a amélioré la qualité des blés et le volume des épis ; grâce à elle, le froment a remplacé le seigle sur beaucoup de terrains (41). »

Les assolements sont en voie de complète transformation (42). L'assolement biennal avec jachères a diminué grâce à la culture du trèfle et de la pomme de terre. Souvent, l'assolement est de trois ou de six ans, avec une seule jachère. La rotation est alors la suivante : froment ou seigle fumé ; trèfle ; pommes de terre, froment fumé ; trèfle incarnat, pommes de terre, jachère. L'assolement de quatre ans est pratiqué aussi : froment ou seigle fumé ; pommes de terre, trèfle ; froment fumé ou trèfle ; trèfle, pommes de terre. Quant à l'assolement triennal, avec jachère complète, il est devenu très rare ; là même où il existe, l'année de repos n'est pas complètement improductive, puisqu'elle donne des herbes assez abondantes. Il est vrai que, dans les campagnes les plus pauvres, à l'ouest et au sud, les genêts et ajoncs couvrent encore de vastes étendues. En effet, après quelques années de céréales, on laisse la terre couverte de genêts pendant six ou sept ans. Mais, contrairement à ce qui se passe en Bretagne, les genêts servent non de fourrages, mais de combustible : on les brûle, on pratique l'écobuage, comme dans toute l'ancienne économie rurale de l'Ouest. Sur les terres de landes, dont Leclerc-Thouin « a vu d'assez nombreux défrichements, les blés se reproduisent trois ou quatre fois de suite » (43).

---

(40) Vœu de M. Guillory aîné. Le préfet se déclare hostile à « l'intervention excessive de l'administration dans les transactions particulières ». (*Registre de la Chambre d'agriculture d'Angers*, 26 juillet 1852.) — En mai 1856, à Beaupréau, on se plaint de la falsification du noir animal.

(41) Dans le Bas-Maine, on constate le même phénomène. (Voy. R. Musset, *Le Bas-Maine*, pp. 325 et sqq.) — Pour tout ce qui précède, voy. Leclerc-Thouin, *op. cit.*, pp. 193 et sqq.

(42) *Ibid.*, pp. 235 et sqq.

(43) Voy. aussi L. Fautrat, « Les assolements en usage dans le Maine et dans l'Anjou » (*Bull. du Comice agricole de Château-Gontier*, an. 1884-1885).

VI. — La culture des céréales

Ce qui prouve encore les progrès très sérieux de l'agriculture angevine dans la première moitié du XIX° siècle, c'est que le froment a pris la première place dans la culture des céréales (44). Il couvre plus du quart de la superficie des terres labourables dès 1840 : 123.000 hectares sur 448.000, tandis que le seigle n'en occupe que 63.000, le méteil 19.000, et le sarrasin 5.000. On choisit avec grand soin la semence ; les labours, le hersage, toutes les opérations agricoles témoignent du zèle attentif des cultivateurs, et il est plus remarquable encore dans les petites exploitations que dans les grandes. Mais la moisson se fait à la faucille, ce qui permet d'utiliser le travail des femmes et des enfants. Sur le rendement du froment, Leclerc-Thouin nous donne des renseignements très précis : dans l'arrondissement de Baugé, au nord et à l'est, il est de 6 à 8 hectolitres par hectare en moyenne ; les meilleures terres donnent 16 à 18 hectolitres, et dans le sud, de 18 à 21. Dans l'arrondissement de Segré, le rendement est souvent de 24 hectolitres, c'est-à-dire de 12 pour 1, ailleurs de 16. Dans l'arrondissement d'Angers, on a la moyenne de 16 hectolitres par hectare, excepté dans la riche plaine Saint-Laud, où elle s'élève à 25 ou même 30. Dans l'arrondissement de Beaupréau, le rendement est, en général, de 8 ou 9 pour 1 ; dans celui de Saumur, de 10 et parfois de 15.

Le seigle ne se cultive plus que sur les sols légers, notamment dans ceux des arrondissements de Baugé, Saumur et Beaupréau, où alors il couvre parfois les deux tiers ou les trois quarts des terres. Quant au méteil, autrefois très répandu, on ne le cultive plus qu'accidentellement (45). L'orge a diminué aussi parce qu'elle n'entre plus, comme au début du siècle, « dans le pain de la majorité des paysans angevins » ; on ne l'emploie plus que rarement à cet usage. Elle ne couvre plus, en 1840, que 17.000 hectares. L'avoine, qui en occupe 20.000, conserve quelque importance dans les pays d'élevage ; son rendement, plus fort que celui du froment, s'élève à 18 ou 20 pour 1. On la récolte encore à la faucille, bien qu'on la coupe « rez terre (46) ». Le sarrasin, qui n'occupe plus que 5.000 hectares, se cultive surtout aux approches de la Bretagne, sa terre d'élection ; mais, en Anjou, on l'emploie plutôt comme fourrage que comme grains. Il donne parfois 80 et 100 pour 1, et produit de 30 à 60 hectolitres à

---

(44) Leclerc-Thouin, *op. cit.*, pp. 247 et sqq. Cet auteur décrit longuement les diverses variétés de froment, la façon dont on le cultive ; on trouve chez lui des renseignements techniques très précis, qui dépassent le cadre de notre étude.
(45) Leclerc-Thouin, *op. cit.*, pp. 280-281.
(46) *Ibid.*, pp. 281 et sqq.

l'hectare. Quant au colza, dont la culture est d'origine récente, il n'occupe que peu de place dans le culture (47).

Autre fait significatif : les progrès de la pomme de terre, qui occupe 26.000 à 30.000 hectares. On la cultive avec soin, surtout pour la consommation locale, car, à cette époque, on avait à compter avec « la difficulté des débouchés lointains » (48). Depuis 1815, les pépinières se sont beaucoup développées, passant de 30 hectares à 200. Quant à la culture maraîchère, elle devient florissante dans les vallées fertiles et en particulier dans la plaine Saint-Laud (49). Elle est pratiquée surtout par les petits propriétaires, comme c'est le cas dans toutes les régions de la France (50).

VII. — Les paturages et l'élevage

Leclerc-Thouin (51) note les progrès des prairies naturelles, qui sont excellentes dans les vallées de la Loire et de la Maine. Un peu partout, on commence à les « fumer » et à les amender, ce qui a augmenté la production de près de moitié. Il y a donc une très grande amélioration depuis 1815 (52), bien que le drainage souvent soit encore insuffisant (53). Les prairies naturelles l'emportent encore sur les prairies artificielles. Celles-ci, cependant, occupent déjà, en 1840, 26.667 hectares ; on y cultive le trèfle, le *ray-grass* et la luzerne, qui a pris une grande extension. On signale aussi le développement des plantes fourragères : navets et choux (54).

Quant aux betteraves, dont la culture commençait à s'étendre « lorsque les sucreries, qui ont succombé depuis, commençaient leurs opérations », elles n'ont fait que peu de progrès jusqu'en 1840, couvrant à peine 1/500ᵉ de la superficie labourable. Cependant, la Chambre d'agriculture remarque, en 1852, « qu'elle prend toujours plus d'extension dans l'arrondissement d'Angers, pour la nourriture des bestiaux » (55).

On constate (56) un grand progrès de l'élevage, notamment de l'élevage du cheval, surtout dans la région de Saumur. En 1812, il y avait 30.483 chevaux ; ce nombre s'est élevé à 33.500 en 1825

---

(47) Leclerc-Thouin, pp. 290 et sqq.
(48) *Ibid.*, pp. 218, 219 et 345 et sqq.
(49) *Ibid.*, p. 221. Les légumes secs occupent 7084 hectares.
(50) *Ibid.*, pp. 324 et sqq.
(51) Il semble qu'il y ait un lien étroit entre la culture maraîchère et la petite propriété. (Voy., à ce sujet, Albert Le Bail, *Le Finistère agricole,* Quimper, 1925, et Hervé, *Le Clos-Poulet et le Marais de Dol* [mémoire de diplôme d'études, encore inédit].)
(52) Voy. la *Statistique agricole de 1814.*
(53) Voy. *Registre de la Chambre d'agriculture*, juillet 1852. Les travaux d'écoulement sont difficiles à cause de la division de la propriété.
(54) Leclerc-Thouin, pp. 355 et sqq.
(55) *Registre des délibérations* (séance du 26 juillet 1852).
(56) Leclerc-Thouin, *op. cit.*, pp. 407 et sqq.

et à 40.956 en 1836. Et la qualité s'est améliorée aussi. En ce qui concerne l'espèce bovine, les progrès des croisements, notamment avec la race de Durham, ont pour effet, surtout depuis 1830, l'amélioration des races, principalement dans les arrondissements d'Angers, de Beaupréau et de Saumur, dans les environs de Cholet, dont la race continue à être très appréciée. Par contre, la race ovine n'a pas participé à ce mouvement de progrès (57).

On produit beaucoup de beurre, ce qui est d'un bon profit, car la livre se vend jusqu'à 1 franc ; mais il n'est guère utilisé que pour la consommation locale, très forte, il est vrai, car il constitue, en grande partie, l'alimentation des paysans. La fabrication en est assez primitive : « On s'occupe peu de monter un matériel, car la moindre dépense est un épouvantail pour la classe fermière (58). »

VIII. — LA VIGNE. LES PLANTES TEXTILES

La culture de la vigne est l'une des grandes ressources de l'Anjou : elle s'étend sur plus de 31.000 hectares, et les vignobles les plus estimés se trouvent sur les coteaux de la Loire, dans les arrondissements d'Angers et de Saumur ; à l'ouest, les crus sont bien moins renommés. La culture de la vigne est déjà faite avec beaucoup de soin, et elle est très avantageuse ; c'est celle qui rend le plus sur un espace restreint ; malheureusement, remarque Leclerc-Thouin, « les propriétaires ont plus que par le passé à se plaindre de la mévente » (59). Par contre, la culture du mûrier n'a fait que des progrès peu notables, bien que, de 1834 à 1841, on en ait planté 200.000 pieds ; mais elle ne s'est pas encore remise des troubles de l'époque révolutionnaire qui l'avaient interrompue (60). Il faut dire aussi que la « fabrique » de Tours a perdu son ancienne prospérité.

La culture du chanvre, peu prospère au début du siècle, s'est développée surtout dans la vallée de la Loire, dans les « îles de Chalonnes », non loin d'Angers, où elle occupe la moitié des parcelles labourables. C'est que le chanvre de l'Anjou est très apprécié, dans les villes maritimes, pour la corderie. Il demande, pour la culture, assez peu de soin. Le lin, au contraire, s'est réduit à peu près à rien, à cause de la concurrence des fils d'Irlande.

---

(57) En 1853, cependant, la Chambre d'agriculture constate que « le croisement Durham n'a pénétré avec succès qu'à Segré ; qu'à Beaupréau, un seul propriétaire y a recours ». Mais, dès 1855, la Chambre déclare que « le département a des ressources plus que suffisantes pour l'élevage, l'entretien et la propagation de la race de Durham ». On n'a plus besoin, à cet égard, de la ferme-école du Camp (dans la Mayenne).

(58) LECLERC-THOUIN, op. cit., pp. 480 et sqq.

(59) Ibid., pp. 360 et sqq.

(60) Ibid., pp. 394 et sqq. Les mûriers sont nombreux, surtout dans la région de Saumur.

Le bénéfice par hectare est de 184 francs et les frais de 807 ;
mais, dans les mauvaises années, la perte est grande. Il ne
s'étend que sur 2.852 hectares, tandis que le chanvre en occupe
6.850 (61). On se l'explique facilement, si l'on considère que l'industrie de la toile, autrefois si florissante dans la région de Segré
et de Château-Gontier, a été ruinée, comme dans tout le Bas-Maine
et la Bretagne, d'abord par les guerres de la Révolution et de
l'Empire, qui lui ont fait perdre ses principaux débouchés (l'Amérique espagnole et les Antilles françaises), puis par la concurrence de l'industrie cotonnière (62).

IX. — Voies de communication et commerce

Visiblement, les progrès de l'agriculture, en Anjou, comme
partout ailleurs, ont été, en grande partie, déterminés par le
développement des voies de communication (63). Les anciennes
routes royales sont améliorées, l'on construit des routes départementales, on commence à établir des chemins de « grande
vicinalité ». Le progrès est sensible surtout dans l'arrondissement
de Beaupréau, — l'ancienne Vendée angevine, — absolument
délaissée par le réseau routier sous l'Ancien régime, puis ravagée
par la guerre civile (64). Leclerc-Thouin remarque que l'arrondissement de Segré, vers 1840, est transformé par les voies de communication ; « les routes, dit-il, ont contribué à introduire une
véritable révolution dans l'économie rurale des contrées
qu'elles parcourent » (65). L'influence des chemins de fer ne se
fera sentir que dans la seconde moitié du siècle. Dès 1853, la
Chambre consultative d'agriculture demande la construction du
chemin de fer du Mans à Angers et son prolongement sur
la Vendée (66).

(61) Leclerc-Thouin, pp. 296 et sqq. Cf. *Registre de la Chambre d'agriculture*, juillet 1852.
(62) Voy. R. Musset, *op. cit.*, pp. 256 et sqq.
(63) En ce qui concerne le Bas-Maine, M. Musset (*op. cit.*, pp. 325 et sqq.)
considère que la transformation de l'agriculture a été en grande partie
l'œuvre des propriétaires nobles, légitimistes, qui sont revenus à la terre.
En Anjou, le fait est vrai en ce qui concerne le pays de Segré, très analogue
d'ailleurs à la région voisine. Voy., pour la période du second Empire,
l'œuvre accomplie par le comte de Falloux ; cf. ses *Etudes et Souvenirs*.
(64) Cf. Célestin Port, *La Vendée Angevine*. — On s'occupe activement
des routes départementales et aussi des chemins de grande communication.
Mais, comme le dit l'agent voyer en chef de Maine-et-Loire, en 1848, « on
a très peu fait pour la petite vicinalité » ; les prestations en nature sont
insuffisantes et, entre les travaux des diverses communes, il n'y a pas de
coordination (*Procès-verbaux du Conseil général*, an. 1848, pp. 177 et sqq.,
et *passim*). C'est ce que constate aussi M. de la Devansaye, en 1850, malgré
l'allocation concédée sur les 6 millions accordés à la petite vicinalité par la
loi du 22 septembre 1848 (*Ibid.*, an. 1850, pp. 249 et sqq.). Le Conseil
général, en 1849, s'était prononcé contre la suppression des prestations (*Ibid.*,
an. 1849, pp. 129 et sqq.). — On s'occupe beaucoup, en ces années, du chemin
de fer de Tours à Nantes.
(65) Leclerc-Thouin, pp. 17 et sqq.
(66) *Registres des délibérations*.

Dès la première moitié du siècle, le commerce des denrées agricoles va chercher des marchés lointains. Ainsi, l'Anjou exporte des quantités considérables de céréales à Orléans, Nantes, Bordeaux, Marseille, et même en Angleterre ; ce commerce représente, vers 1840, 400.000 hectolitres et une valeur de 6 millions de francs (67). Le chanvre s'expédie dans toute la France, notamment dans les ports de l'Océan. Saumur seul envoie à Paris 40.000 barriques de vin, d'une valeur de 1.600.000 francs. On exporte des chevaux en Normandie, à Saint-Maixent. Le commerce des bestiaux n'est pas moins actif : en 1839, Cholet a envoyé à Paris 45.000 à 50.000 bêtes bovines. Les arbres des pépinières, exportés dans toutes les parties de la France, en Angleterre et jusqu'en Amérique, sont la source d'un commerce de 300.000 à 400.000 francs. Enfin, les fruits, soit frais, soit desséchés, donnent lieu à un trafic annuel de près de 600.000 francs (68). Le commerce des denrées agricoles se développera encore davantage, lorsque le réseau des chemins de fer sera construit ; l'Anjou sortira définitivement de son isolement et deviendra l'une des régions agricoles les plus prospères de la France.

X. — LE MODE DE VIE DES POPULATIONS AGRICOLES

Il ne semble pas s'être très sensiblement transformé depuis l'Ancien régime. Les bâtiments d'exploitation et d'habitation laissent toujours beaucoup à désirer, comme le montre Leclerc-Thouin (69) :

Les anciennes constructions sont dans un état déplorable ; les nouvelles, malgré des améliorations très grandes, relativement à leur étendue et à leurs dispositions, sont loin d'être partout au niveau des besoins d'une agriculture qui tend journellement à prendre plus d'extension.

On trouve, en général, dans les fermes, deux chambres, l'une avec une cheminée et un four, c'est la chambre des maîtres ; l'autre « froide », c'est celle des servantes. Quant aux domestiques mâles, ils couchent à l'étable et aux greniers. Les fenêtres sont moins rares qu'autrefois, mais très petites. Les étables sont étroites, mal aérées. Presque nulle part il n'y a de bergerie, de

---

(67) Le Conseil général demande que les droits sur le bétail étranger soient maintenus. Un décret du 15 janvier 1850 a autorisé l'entrée en France des blés étrangers, qui seront réexportés en farines. Le Conseil demande que cette entrée ne soit permise que lorsque les grains auront atteint un certain prix fixé par le gouvernement. (*Procès-verbaux du Conseil général*, an. 1850, pp. 158-160 et 178-179.)

(68) LECLERC-THOUIN, pp. 38-39. — Il y a, dans le pays, un grand nombre de marchés et de foires. Sous le second Empire, la Chambre d'agriculture, à maintes reprises, demande qu'on n'en accroisse pas le nombre.

(69) *Op. cit.*, pp. 66 et sqq.

grenier à foin, de grange. Les nouveaux bâtiments sont, il est vrai, plus commodes et confortables, mais ils sont encore peu nombreux. Il conviendrait aux propriétaires d'améliorer les bâtiments : « quelques sacrifices d'argent feront plus que les meilleurs conseils théoriques ».

Le mobilier, très simple, ressemble encore beaucoup à celui du xviiie siècle (70). Dans une ferme de 20 à 25 hectares, on trouve, en général, quatre lits, dont deux de maîtres ; six chaises en peuplier et paille, valant 1 franc ; deux armoires au linge en noyer ou merisier (de 70 à 80 francs pièce) ou à défaut des *bassets*, ou armoires basses, à 40 francs ; une huche (9 francs) ; une table, de même valeur ; deux saloirs, avec 150 kilos de lard salé ; une gamotte (marmite à trois pieds) ; un chaudron d'airain ; quelques assiettes en faïence , qui ont remplacé la vaisselle d'étain ; quelques plats creux (tous ces ustensiles valant de 70 à 80 francs) ; un moulin à farine (45 francs), ou, chez les plus pauvres, un tamis en crin. Dans les pays textiles, le linge est assez abondant : parfois, on voit une vingtaine de draps en toile de trois aunes, à 2 francs l'aune ; une douzaine de nappes ; plusieurs douzaines de chemises.

Les vêtements n'ont guère changé : ce sont des étoffes grossières de laine et de fil, travaillées avec les matières premières fournies par le client. Cependant, en été, des cotonnades plus légères commencent à apparaître. On est toujours chaussé de sabots ; mais il est plus rare qu'autrefois de voir des paysans marcher nu-pieds.

Par contre, en ce qui concerne la nourriture, il y a un plus sérieux progrès ; de plus en plus, on mange du pain de froment et de méteil. La consommation du froment est à celle du seigle comme 10 est à 8. Le pain est beau et bon. On mange du lard, mais encore assez peu. Le fond de la nourriture, c'est la soupe aux choux, les pommes de terre, les légumes, le fromage. L'usage du vin ou du cidre est plus fréquent qu'au xviiie siècle, mais on boit surtout de l'eau.

Il commence à y avoir aussi moins d'illettrés. Surtout depuis la loi de 1833, le nombre des écoles s'est accru. En 1833, pour 213 communes, on comptait 165 écoles publiques et 90 écoles privées ; en 1842, 43 communes seulement étaient privées d'écoles. L'enseignement agricole a fait aussi d'assez grands progrès (71).

---

(70) LECLERC-THOUIN. pp. 118 et sqq.
(71) *Ibid.*, pp. 34 et sqq. — En 1848, le Conseil général constate que 361 communes ont des écoles et que le nombre des élèves a augmenté de 3.090 depuis l'année précédente (*Procès-verbaux du Conseil général*, an. 1848, p. 17). En 1850, on compte 46.547 écoliers (1.182 de plus qu'en 1849) ; il y a 29 salles d'asile ; 12 communes seulement sont dépourvues d'écoles et 12.000 enfants, d'instruction ; cependant, il y a encore 89 communes qui n'ont pas de maison d'école. (*Ibid.*, an. 1850, pp. 141-142.)

Cependant, les anciennes habitudes se maintiennent ; on conserve, par exemple, les antiques mesures locales ; même au début du second Empire, le système métrique n'a pas encore pleinement triomphé (72).

X. — CONCLUSION

Dans une précédente étude (73), nous avons cru pouvoir établir que, dans la première moitié du xix° siècle, les progrès de l'agriculture, d'une façon générale, s'étaient manifestés surtout après 1840, et que, s'ils avaient été assez rapides dans les pays riches et fertiles, comme la Flandre, la Picardie, la haute Normandie, ils avaient été très lents dans des contrées arriérées comme la Bretagne et le Bas-Maine.

L'Anjou occupe, en quelque sorte, une situation intermédiaire. Dans la première moitié du xix° siècle, et surtout sous la monarchie de Juillet, l'assolement se transforme ; la jachère tend à disparaître, grâce à la culture du trèfle, de la luzerne et des pommes de terre, grâce aussi aux progrès des amendements, notamment de la chaux. Sans doute, il n'y a pas encore de transformation profonde des procédés de culture (semailles, labours, moissons). Mais le froment, parmi les céréales, a pris la première place ; le seigle ne joue plus qu'un rôle secondaire, et le sarrasin, infime. On soigne mieux les prairies naturelles et l'usage des prairies artificielles se répand de plus en plus. L'élevage du cheval, de l'espèce bovine, fait de sérieux progrès.

D'autre part, les terres communes tendent à disparaître ; on les aliène peu à peu et on défriche beaucoup de landes.

Fait caractéristique encore : le métayage, de plus en plus, cède le pas au fermage et ne se maintient vraiment encore qu'aux abords de la Bretagne et du Bas-Maine (74). En effet, la partie

---

(72) En 1853, la Chambre d'agriculture demande que, dans les marchés, les grains se vendent au poids ou tout au moins au double-décalitre. L'unité de mesures et de poids s'impose d'autant plus que les transactions s'étendent à toute la France : « la diversité des poids et des mesures, bien que rapportée au système décimal, est une cause d'erreurs ou de difficultés ».

(73) Voy. Henri Sée, *La vie économique de la France sous la monarchie censitaire (1815-1848)*, Paris, 1927, chap. i.

(74) La statistique de 1860 indique que, dans le département de Maine-et-Loire, il y a seulement 2.263 métayers contre 26.500 fermiers. Dans l'arrondissement de Segré, on compte 963 métayers, contre 1.508 fermiers; au contraire, dans l'arrondissement de Cholet, on ne trouve que 19 métayers, contre 5.542 fermiers. Dans l'arrondissement de Château-Gontier, qui fait partie du département de la Mayenne, mais qui, sous l'ancien régime, appartenait presque entièrement à l'Anjou, les métayers, en 1860, sont encore plus nombreux que les fermiers : 2.975 contre 2.686. La statistique de 1873 confirme ces données :

	Nombre d'exploitations	Etendue en hectares
Culture directe	20.573	127.825
Fermage...............	29.091	375.356
Métayage..............	2.934	64.205

En 1892, le nombre des métayers s'est élevé à 4.453, mais l'étendue des

occidentale de l'Anjou, rebord oriental du plateau armoricain, a une économie rurale très analogue à celle de la Bretagne et de la Mayenne (75) ; c'est aussi un pays bocager, où les champs sont clos, très différent de celui des riches vallées et notamment du Val de Loire.

D'autre part, le régime de la propriété et de l'exploitation n'ont pas subi de transformation radicale depuis l'Ancien régime. Il est vrai que la vente des biens nationaux a notablement accru le nombre des petits propriétaires, surtout dans les parties les plus fertiles. Mais la grande propriété est toujours prédominante ; grande propriété qui se concilie avec la moyenne ou la petite exploitation, car peu nombreuses sont les fermes de plus de 20 hectares. Le fermier n'a souvent qu'un capital insuffisant, ce qui retarde les progrès agricoles. Et le faire-valoir n'existe que bien rarement sur les grandes propriétés.

Quant au mode de vie, il ne s'est pas non plus profondément transformé. Les bâtiments d'exploitation et d'habitation sont encore le plus souvent assez primitifs, inconfortables. Le mobilier n'a guère changé depuis le XVIIIe siècle ; les vêtements non plus. Seule, la nourriture est meilleure, — le pain surtout, de froment maintenant, — mais elle reste très simple. Une vie un peu plus aisée, en un mot. Mais le grand fait, c'est la diminution de la misère, bien que les salaires des travailleurs agricoles ne se soient qu'assez faiblement élevés ; un assez grand nombre, parmi eux, abandonne déjà la campagne pour la ville.

On se rend compte aussi que le développement des voies de communication a beaucoup contribué aux progrès agricoles. Ce sont les chemins de fer qui produiront les transformations décisives, dans la seconde moitié du XIXe siècle (76). C'est là un phénomène, qui se manifeste dans la France tout entière (77).

H. SÉE.

métayages n'est plus que de 61.100 hectares ; c'est que beaucoup de petites terres ou de parcelles ont été données à moitié. Comme autrefois, le métayage se cantonne dans la région angevine de la Mayenne et la région nord-ouest du Maine-et-Loire, principalement dans le Craonnais, où l'on compte 60 % des exploitations données à moitié. — Sur ce qui précède, cf. HENRI ODE, op. cit., pp. 522 et sqq ; E. JAMET, « Examen critique des différents baux à ferme et à colonie partiaire » (Congrès scientifiques de France, 11e session, 1843, t. II. p. 105) ; LE BRETON, Étude sur le métayage dans la Mayenne ; G. LE MARIÉ : Le Métayage dans l'arrondissement de Laval.

(75) Voy. R. MUSSET, Le Bas-Maine, 1917 ; — H. SÉE, « L'agriculture dans les Côtes-du-Nord en 1844 » (Annales de Bretagne, t. XXXIV, pp. 111 et sqq.) ; — A. LE NÉVANIC. « L'agriculture en Ille-et-Vilaine de 1815 à 1870 » (Ibid, t. XXIV, pp. 429 et sqq.) ; — RENÉ DURAND, Le département des Côtes-du-Nord sous le Consulat et l'Empire, 1925.

(76) Voy. AUGÉ-LARIBÉ, L'évolution de la France agricole, Paris, 1912.

(77) Comme points de comparaison avec notre étude, voy. A. DEMANGEON, La Picardie, 1905 ; R. BLANCHARD, La Flandre ; J. SION, Les paysans de la Normandie orientale, 1909.

Marcel RIVIÈRE, 31, rue Jacob, et 1, rue Saint-Benoît, PARIS (VIᵉ)

COLLECTION DES ÉCONOMISTES

ET DES RÉFORMATEURS SOCIAUX DE LA FRANCE

1. **Dupont de Nemours**. De l'origine et des progrès d'une science nouvelle (1768), avec notice et index analytique, par **A. Dubois**, professeur à l'Université de Poitiers, ix-40 pp. in-8, 1909 . . . . **5 fr.**

2. **Baudeau**. Première introduction à la philosophie économique (1771), avec notice et index analytique, par **A. Dubois**, professeur à l'Université de Poitiers, xix-viii-192, pp. in-8, 1909 . . . . **15 fr.**

3. **Le Mercier de la Rivière**. L'ordre naturel et essentiel des sociétés politiques (1767), avec notice, par **E. Depitre**, professeur agrégé à l'Université de Lille, xxxvii-viii-405 pp. in-8, 1909 . . . . **25 fr.**

4. **Morelly**. Code de la nature ou le véritable esprit de ses lois (1755), avec notice et table analytique, par **E. Dolléans**, professeur adjoint à l'Université de Dijon, xxx-i-119 pp. in-8, 1910. . . . . **15 fr.**

5. **Herbert** (Cl.-J.). Essais sur la police générale des grains, sur leurs prix et sur les effets de l'agriculture (1755), et Supplément à l'Essai sur la police générale des grains, par **J.-C. Mautaudoin de la Touche** (1757), avec notice et table analytique, par **E. Depitre**, professeur agrégé à l'Université de Lille, xliii-166 pp. in-8, 1910 . . . . **18 fr.**

6. **Dupont de Nemours**. De l'exportation et de l'importation des grains (1764). **L.-P. Abeille**. Premiers opuscules sur le commerce des grains (1763-1764), avec introduction et table, par **E. Depitre**, xlv-128 pp. in-8, 1911 . . . . . **18 fr.**

7. **Graslin** (J.-J.-L.). Essai analytique sur la richesse et sur l'impôt (1767), notice et table, par **A. Dubois**, xxv-vi-215 pp. in-8, 1911 . . . . . . **18 fr.**

8. **Petit** (E.). Droit public ou gouvernement des colonies françaises d'après les lois faites pour ces pays (1771), avec introduction et table, par **A. Girault**, professeur à l'Université de Poitiers, xxv-xv-512 pp. in-8, 1911 . . . . . . **30 fr.**

9. **Baudeau**. Principes de la science morale et politique sur le luxe et les lois somptuaires (1767), avec notice et table, par **A. Dubois**, xix-34 pp. in-8, 1912. . . . . **5 fr.**

10. **Moheau**. Recherches et considérations sur la population de la France (1778), avec notice et table, par **R. Gonnard**, professeur à l'Université de Lyon, xxxi-302 pp. in-8, 1912 . . . . **25 fr.**

11-12. **Dupin**. Œconomiques, publié avec notice et table, par **M. Aucuy**, docteur en droit, professeur au Collège Sainte-Barbe, avec de nombreuses cartes et plusieurs fac-similés, 2 vol. . . . . **40 fr.**

13. **Doctrine de Saint-Simon**. Exposé, Première année 1829, avec introduction et notes, par **C. Bouglé** et Elie Halévy, 1 vol. de 504 pages, 1924. . . **25 fr**

www.ingramcontent.com/pod-product-compliance
Ingram Content Group UK Ltd.
Pitfield, Milton Keynes, MK11 3LW, UK
UKHW020116100726
13658UKWH00005B/2206